ERRATA

DU RAPPORT DE M. LE COMTE BEUGNOT,

SUR

LES VOIES ET MOYENS

DE 1819,

Pour faire Suite à LA SITUATION DES FINANCES AU VRAI ;

Par M. BRICOGNE,

EX-Maître des Requêtes, ex-Premier Commis des Finances, Membre du Conseil municipal de la ville de Paris.

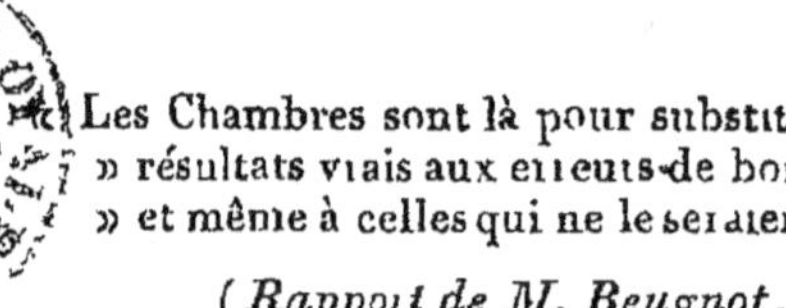

» Les Chambres sont là pour substituer des
» résultats vrais aux erreurs de bonne foi,
» et même à celles qui ne le seraient pas. »

(*Rapport de M. Beugnot, p. 4.*)

PARIS,

Chez PÉLICIER, Libraire, au Palais-Royal, cour des Offices.

---

16 JUIN 1819.

DE L'IMPRIMERIE DE HOCQUET,

FAUBOURG MONTMARTRE, N°. 4.

ERRATA

Du Rapport de M. le Comte Beugnot,

sur

LES VOIES ET MOYENS

de 1819.

———

Le Rapport de la Commission des voies et moyens a été fait par M. le comte Beugnot. Il semble que le Rapporteur se soit attaché à détruire les espérances qui s'étaient généralement répandues, à atténuer les résultats favorables déjà obtenus, et à défendre les évaluations et les propositions faites par le Ministre des finances, pour conduire la Chambre à refuser ou à diminuer jusqu'au ridicule les dégrèvemens d'impôts sur lesquels les contribuables comptaient déjà, avec l'assurance que la Chambre était décidée à les accorder, et que le Ministre ne pouvait les refuser.

Le rapport fait le 7 juin, n'a été distribué que le 13. La discussion va s'ouvrir ; le temps presse : je serai court et précis ; je devrai négliger beaucoup de développemens.

Je m'abstiendrai de toute réflexion sur les intentions et le but que de plus malins que moi pourraient prêter au Rapporteur. Je n'y vois pas un acte de rivalité maladroite, mais un acte de complaisance très-adroite. J'ai trop haute opinion de l'esprit et des connaissances de M. Beugnot, pour supposer qu'il ne se doute pas des erreurs dans lesquelles il tombe à chaque page de son rapport : non pas erreurs de doctrine ; je me plais au contraire à lui rendre le témoignage que les principes de finance et d'administration qu'il professe *théoriquement* dans le cours de son rapport, sont sains et de la bonne école, toutes les fois qu'ils ne peuvent gèner le Ministre des finances, et qu'il n'en peut résulter au' une conséquence favorable au soulagément des Contribuables.

C'est dans les faits, dans l'application, dans les calculs, que sont les erreurs. .

Le nom de M. Beugnot, sa mission de rapporteur de la Commission des voies et moyens, son talent, peuvent donner du poids à ses erreurs. Il a su, d'ailleurs, les masquer par un double artifice ; l'un, qu'on ne peut lui reprocher, une diction élégante et qui semble claire et franche ; l'autre, un peu plus reprochable; il n'a fait imprimer que les résultats qui venaient à l'appui de ses propositions ; il n'a pas exigé du ministère des finances, ou il a supprimé les renseignemens et les pièces qui aurait prouvé le contraire de ce qu'il voulait conclure pour faire plaisir au Ministre.

Je ne dirai pas que je vais combattre M. Beugnot ; car je n'ai pu me convaincre que M. Beugnot fût de l'avis de son rapport. Lors même qu'il affirme, il y a dans ses phrases un fond de doute, un air de pyrronisme qui laisse indécis, non sur la proposition, mais sur la véritable opinion du Rapporteur. J'ai cru reconnaître que fort souvent il se fait violence pour obéir à une impulsion étrangèe. Je vais donc combattre encore une fois le Ministre des finances parlant par la bouche du Rapporteur, et cette fois, parlant correctement, élégamment, n'étant plus reconnaissable qu'à ses réticences et à ses refus ; je ne désespère pas de ranger M. Beugnot de mon avis.

Le Rapport se partage en deux divisions principales :

Le Budget séparé de l'exercice 1819 ;

Le Service pendant l'année 1819.

Je me conformerai à ces deux divisions. Je suivrai le Rapporteur pas à pas ; je lui tendrai une main secourable pour le relever dans tous ses faux pas. Avec lui, et dans l'ordre qu'il a tracé, je vais d'abord parcourir les évaluations des Revenus publics de 1819.

BUDGET DE L'EXERCICE 1819.

Ire. ERREUR. *Bases erronées.* Parvenus au sixième mois de l'année 1819, nous avions pour évaluer les revenus de 1819 deux bases positives ; la connaissance entière des produits de 1818, et le montant des produits des cinq premiers mois 1819.

M. Beugnot n'adopte ni l'une ni l'autre de ces deux bases ; il tourne autour des évaluations du Ministre des finances ; il prétend rassurer sur les intentions du Ministre, le disculper de toute dissimulation, en disant qu'*il n'avait pu prévoir les augmentations de produit qui se sont manifestées.* Ami maladroit ou suspect, je ne sais si votre excuse est valable ; mais si elle l'était, elle attaquerait l'habileté du Ministre, en l'accusant d'une inexpérience impardonnable dans l'administrateur en chef des finances, d'une imprévoyance dans laquelle il était seul au ministère des finances.

Car il faut rendre cette justice au coopérateurs du Budget, que la plupart de ceux qui n'étaient pas *Commis-*

saires du Roi, et qui ne se fiaient pas à leur éloquence et à celle du Ministre, pour éblouir, égayer ou endormir la Chambre, avaient prévu cette augmentation.

Je puis même affirmer que quelques-uns ont eu le courage de causer à l'oreille, entre eux, hors de la présence du Ministre, de la possibilité de réduire les impôts!

Si aucun d'eux n'a osé en faire la proposition au Ministre, ne nous hâtons pas de leur en faire un reproche, laissons un instant de côté le Budget, le ministère des finances et M. l'abbé Louis. Envisageons théoriquement, idéalement, la position et les devoirs des employés.

Je demande à ces austères censeurs des faiblesses d'autrui, à ces indépendans indomptables, qui n'ont jamais subi d'autre joug que celui des intérêts de leur fortune et de leur ambition, ce qu'ils feraient si le sort les eût placés sous les ordres d'un chef, et si la nécessité les y retenait?

Sans doute, s'ils voulaient être sincères, ils répondraient que l'on ne peut exiger des subalternes, qu'ils s'exposent aux injures et aux violences d'un Ministre, qui ne sait écouter aucune observation opposée à ses systèmes irréfléchis, incomplets, bisarres, impolitiques, impopulaires, impitoyables, ... et qui s'emporte à la première apparence de contradiction.

On n'a pas encore placé dans le code des devoirs des employés ce précepte plus qu'évangélique : « Vous vous » ferez injurier, maltraiter; vous risquerez d'être des- » titués sans espoir de faire entendre raison à votre » Ministre. »

Ils ajouteraient que les essais faits jusqu'ici ont assez mal réussi pour décourager les imitateurs. A cette maxime,

ils substitueraient celle-ci moins évangélique , mais plus
sûre dans l'exécution , plus ordinairement pratiquée , et
bien mieux justifiée par l'expérience : « Quand on a raison
» à l'encontre d'un Ministre, il faut faire taire sa raison
» et garder le silence pour garder sa place. »

Mais le bien public ! Insensé qui t'a chargé d'y veiller !
pourras-tu , même en te sacrifiant, arracher au Ministre
ce qu'il veut refuser ? Pourras-tu sauver ce qu'il com-
promet par maladresse, ou ce qu'il veut perdre ?

Il faut qu'un Ministre sache non-seulement écouter et
accueillir les observations, mais les provoquer et les encou-
rager, pour que ceux placés sous sa dépendance , exposés
à devenir les victimes de son arbitraire; de ses caprices ,
de ses injustices , de ses vengeances, osent ouvrir la
bouche, si ce n'est pour applaudir des projets qui leur
font pitié , pour vanter des plans dont les vices leur sont
connus, et louer un Chef que peut-être ils méprisent
et détestent plus encore que le Public ; parce qu'ils
connaissent mieux ses actes et ses intentions , parce qu'ils
souffrent davantage de son caractère fantasque et de son
insupportable tyrannie. Ils le louent , ils le défendent,
parce qu'ils le redoutent ; ils hâtent de tous leurs vœux ,
ils célébreront sa chûte avec des cris de joie, qui trouveront
des échos dans tous les hameaux.

'Plaignons leur pénible sort, mais n'imitons pas leur
exemple : nous que le ciel, dans sa faveur, a rendus libres
et indépendans, auxquels il n'a imposé d'autre joug que
celui de la conscience et de l'amour de notre Roi et de
notre pays.

Si jamais le hasard nous plaçait en opposition avec les
systèmes, les plans et les projets d'un Ministre quelcon-
que , le courage nous serait plus facile, et deviendrait un

devoir ; notre conduite serait tracée ; nous trouverions dans la Chambre même quelques encouragemens et de nobles exemples à imiter.

Me voilà bien loin de M. Beugnot et de son rapport, du Ministre des finances et de son budget ; la transition serait difficile , j'y reviens brusquement.

Tout en excusant les évaluations du Ministre des finances , M. Beugnot en reconnaît les vices ; mais il n'y fait que des additions au-dessous des recettes de 1818 , et des recettes déjà réalisées sur 1819 ; il ajoute :

Enregistrement...................	3,000,000
Boissons et tabacs..............	12,500,000
Recettes diverses et *Douanes*.	2,602,000
Il n'ajoute donc que.............	18,102,000

Ces produits en 1818 ont fourni 26,000,000 au-delà des évaluations du Ministre des finances pour 1819. M. Beugnot reste donc dans ses rectifications, de huit millions au-dessous des produits de 1818 , quoiqu'il avoue des accroissemens prodigieux pendant les quatre premiers mois 1819. Première inconséquence , première *erreur*.

La première base , je le répète, des évaluations de 1819, sont les produits de 1818 ; puis il faut y ajouter les accroissemens déjà certains, déjà connus, déjà réalisés (Voir les preuves et les détails, chapitre V , et 7.e, 8.e, 9e. et 10e. Doutes dans la Situation au VRAI, et ma Réponse page 3).

Passons aux erreurs détaillées chapitre par chapitre.

IIe. ERREUR. Sur les *droits d'enregistrement*, la Commission a reconnu, de 1818 à 1819, une atténuation de

12,584,000 fr. Elle en a cherché les motifs dans le dis-cours du Ministre; elle y a lu : « *Que la paix promet* » *des accroissemens.....* » Cette explication n'était pas fort concluante à l'appui d'une énorme réduction.

Si nous en croyons le rapport (p. 9.), le Ministre a changé de langage dans la Commission. Il a créé, inventé, accumulé les *déficits*. Mais les lamentations, les doleances, les jérémiades, ne prouvent rien contre les faits et contre les chiffres. Or ils disaient que l'enregistrement avait produit dans les quatre premiers mois de 1819 la somme de deux millions *de plus* que le tiers du Budget. C'est M. Beugnot qui nous l'apprend (p. 10). Il n'y avait pas là de *diminution* ; mais une augmentation réalisée, et qui, en suivant la progression naturelle, doit être de plus de *six* millions pour l'année. Le rapporteur en convient ; mais pour ne rien hasarder, il ne porte que *trois* millions.

Cependant, comme je l'ai prouvé (p. 3 et 9 Réponse), les premiers mois étant les moins productifs, l'accroissement sera de bien plus de six millions Nous allons en juger par les recettes du quatrième mois, dont on peut saisir le montant en rapprochant les aveux du *Vieux-Commis* de ceux de M. Beugnot.

Je ne puis trouver les recettes que dans ce rapprochement, parce que nulle part M. Beugnot ne dit franchement les produits des quatre premiers mois ont été de tant; quoiqu'il ait dû en avoir l'état sous les yeux.

Le *Vieux-Commis*, dont l'*anonyme* cache mal un *Premier Commis*, défenseur officiel du Ministre des finances, dit dans son tableau de comparaison (p. 58), que l'enregistrement a produit dans les *trois* premiers mois. . . . . 42,334,000 fr.

M. Beugnot (p. 10) avoue pour les *quatre* mois, deux millions au-delà du tiers de l'évaluation , soit 57,120,000

Les produits d'avril , *quatrième* mois, auraient donc été de. 14,786,000

Or, le douzième de 165,360,000 francs est de. 13,766,000

Le seul mois d'avril a donc produit un excédant de. 1,020,000

Sur le douzième des évaluations du budget , si M. Beugnot et le Vieux-Commis sont exacts.

Ce mois peut être pris pour le terme moyen de l'année ; ainsi un *excédant* de *douze* millions serait assuré.

Un autre fait remarquable est celui-ci :

Le Vieux-Commis (p 58) porte l'excédant de recette sur les évaluations , au premier avril , à. . . 794,000

M. Beugnot déclare (p. 10) que cet excédant s'élève au premier mai , à 2,000,000

L'accroissement d'excédant en avril aurait été de 1,206,000

Ce qui justifie de plus en plus ce que j'ai dit de la marche progressive des recettes (p. 3. Réponse).

12,000,000 au moins d'accroissement sont donc assurés. Cette preuve ressort des aveux du Vieux-Commis et de ceux de M. Beugnot; il y a donc *Erreur* évidente à ne porter que *trois* millions d'augmentation sur l'enregistrement , lorsque *deux* millions ont été réalisés dans les *quatre* premiers mois les moins productifs ; lorsque *six* millions ne peuvent être contestés ; lorsque *douze* millions sont certains.

IIIe. Erreur. *Douanes et sels.* Les recettes des *quatre* premiers mois, comparées à l'évaluation du Budget, offrent une *diminution* de 756,000 francs, dit M. Beugnot (p. 12). Il suppose que les produits ne se relèveront pas, et il s'empresse de faire une réduction de 2,000,000 sur l'année. Cependant les résultats du mois d'avril (4e. mois) autorisaient d'autres espérances.

M. Beugnot avoue (p. 12) une recette pendant les *quatre* premiers mois, du *tiers* de 113,013,000 moins 756,000 francs, soit. 36,9.5,000

Le Vieux-Commis a déclaré (p. 58) pour les trois premiers mois, une recette de . . . 22,600.000
____

Si l'un ou l'autre ne se trompe pas, les recettes du *seul mois* d'avril auraient donc été de 14,315,000

Un tel résultat n'annonce pas un déficit, et il justifie tout ce que j'ai dit (p. 6 de la Rép) de la prochaine cessation de la suspension momentanée des recettes des Douanes, et de leur abondance dans les mois d'été.

Antre point de vue. Le Vieux-Commis déclarait, au Ier. *Avril* (p. 58) un *déficit* de 5,590,000

M. Beugnot déclare que ce *déficit* n'était plus *au* 1er. *mai* que de 756,000
____

Le mois d'*avril seul* a comblé un *déficit* de. 4,834,000

Ce mois a fourni cinq millions au-delà du *douzième.*

Que la Chambre s'informe quel a été le montant des recettes du mois de *mai.* Elle reconnaîtra qu'il existe déjà un *excedant* de recette sur les évaluations des Douanes, après cinq mois ; au moment même où l'on ose lui porter un *deficit* de *deux* millions sur l'année ! Je suis très-poli en appelant ce calcul une *Erreur*. Je suis bien modéré en concluant au maintien de l'évaluatiou du Ministre 113,013,000.

IVe. ERREUR. *Contributions indirectes*. Cette admi-
nistration a produit en 1818 176,382,000
Non compris les poudres et salpêtres por-
tés à part pour 5,000,000
Les produits de 1818 ont donc été de. . 181,382,000
Ils sont évalués dans le budget de 1819,
compris le salpêtre 174,800,000
La diminution est donc de. 6,582,000
Et non de 1,200,000, comme le dit M. Beugnot (p. 15). *Erreur* de 5,382,000.

V^e. ERREUR. Pour *l'accroissement des droits sur les boissons*, M. Beugnot, sans dire par quel motif, change son mode de comparaison des recettes ; il ne l'établit plus *avec l'évaluation* du budget, laquelle eût donné de plus forts résultats ; mais il confesse « un accroissement de » 8,500,000 francs déjà obtenus sur la recette des quatre » premiers mois de *l'année courante comparée* à celle » des quatre premiers mois de 1818 (p. 16)».

8,500,000 fr. d'accroissement en quatre mois annoncent pour l'année 25,500,000 fr. M. Beugnot, par des motifs, ou plutôt pour des prétextes qui ne soutiennent pas la discussion, ne porte que 12,500,000 fr. d'augmentation.

Si la Chambre demande à connaître les recettes de mai, elle reconnaîtra que plus de 12,500,000 fr. d'augmenta-tion ont été réalisés *en cinq* mois. Ne porter que cette somme *pour l'année*, c'est faire mieux ou pire qu'une *Erreur*. On peut sans imprudence compter sur un accroissement de 25,500,000 ; on doit en conscience la placer au Budget.

VIe. ERREUR. Je m'étonnais que sur ce chapitre, M. Beugnot eût changé son mode de comparaison. Je crois avoir deviné son motif. Il trouve une augmentation de 25,500,000 fr., en comparant *mois par mois*, les recettes de 1819 à celles de 1818. Mais il oublie que 1819 étant estimé 6,582,000 de moins que 1818, il faut ajouter ces 6,582,000 fr. à l'augmentation que doit éprouver l'évaluation de 1819 ; ensorte qu'elle doit être de 32,082,000 fr. au lieu de 25,500,000 fr. d'après les premiers résultats, et au lieu de 12,500,000 seulement qu'il porte en compte. Cette *Erreur* là est des mieux conditionnées, des mieux intentionnées. Elle était assez bien cachée. Cela s'appelle-t-il de la franchise ?

VIIe. ERREUR. *Loteries*. M. Beugnot maintien l'évaluation du Budget à 12,500,000 fr. Mais n'est-ce pas une *Erreur* ? lorsque 1818 a produit 17,111,000 fr., lorsque le Vieux-Commis certifie (pag. 58) que les Loteries ont rapporté pendant les trois premiers mois de 1819, 4,197,000 fr. ; ensorte qu'une expérience de seize mois, garantit pour 1819 un produit de 16.500,000 fr. au moins. Voilà encore 4,500,000 fr. d'augmentation et d'*Erreur*.

VIIe. ERREUR. *Salines*. M. Beugnot ne porte le produit des Salines qu'à 2,500,000 fr. comme au Budget. Il a été en 1818, et il sera en 1819 de 3,000,000 ; Erreur et augmentation, 500,000 fr.

IXe. Erreur. Pondicheri. M. Beugnot ajoute aux recettes diverses 1,309,000 fr. pour rente ou produit de l'opium et du sel à Pondicheri. Le Budget avait omis cette somme. Je n'avais pas relevé cette omission, parce que j'avais remarqué que dans le Budget du ministère de la marine, les établissemens de l'Inde n'étaient portés pour aucune dépense. J'en concluais qu'ils se suffisaient à eux-mêmes ; que ni leurs recettes ni leurs dépenses ne devaient figurer au budget. M. Beugnot va plus loin : il exige de Pondicheri un versement effectif, un cadeau de 1,309,000 fr. pour le budget. Si le Ministre de la marine y consent, je ne puis qu'applaudir. J'ajouterai que l'année dernière cette rente figurait au budget pour 2,500,000 fr.

Avant d'aller plus loin, je vais récapituler les diverses AUGMENTATIONS DE RECETTE :

	Suivant M. Beugnot.	Suivant l'expérience de 1818, et 4 mois de 1819.
Enregistrement	3,000,000	12,000,000
Contributions indirectes	12,500,000	25,500,000
		6,582,000
Salpêtre	5,290,000	
Loteries		4,500,000
Salines		500,000
Pondicheri	1,309,000	2,500,000
Totaux	20,100,000	51,582,000
Douanes à déduire	2,000,000	
Coupes de bois à transporter de 1820 à 1819 (42e. douze)		15,000,000
Augmentation	18,100,000	66,582,000

Les augmentations de recettes sont donc de 51,582,000.
elles pourraient être portées à........... 66,582,000.

M. Beugnot aurait dû conclure dans son propre système au moins à 18,100,000 fr. de réduction d impôts. Il n'en propose que 14,810,000. Il s'étonne même de sa libéralité, et prend soin de s'en justifier (p. 54) : la plaisanterie est trop forte. Il propose de réduire :

Sur la contribution foncière (p. 33) . . . . . 6,885,000.
Sur les portes et fenêtres (p. 37). . . . . . . 5,125,000.
Sur les retenues (p. 29). . . . . 2,800,000.

Total. 14,810,000.

Un calcul simple , clair , irrésistible, va démontrer que, même en réglant les recettes comme le propose M. Beugnot, la réduction d'impôts devrait être de 37 millions.

La Chambre en réglant les dépenses , a fait les réductions et les économies suivantes :

Intérêts d'arriérés. 1,000,000,
Arrérages de reconnaissances de liquidation. 3,000,000.
Relations extérieures. . . . .   150,000.
Non-valeurs et secours. . . . . 2,000,000.
Guerre . . . . 8,000,000.
Intérêts de la dette flottante. . . . . 2,817,000.
Finances, service ordinaire. . . . .   224,000.
Frais de négociations . . . . 1,800,000.
Réimposition. . . . .   500,000.

Total des économies. 19,491,000.

Dès la page 6, M. Beugnot a soin de prévenir la Chambre qu'il n'a compté pour rien les retranchemens qu'elle pourrait faire sur les dépenses, et qu'il arrangera ses calculs de manière à ce que les contribuables ne reçoivent aucun allégement des économies qu'elle pourrait faire ; sans doute, pour la dégoûter des économies.

La Chambre a trompé ses calculs en retranchant 19 millions ; elle les trompera aussi justement en voulant que ces économies profitent aux contribuables; elle commencera par retrancher des impôts la somme qu'elle a retranchée des dépenses.... . . . . 19 millions.

Et en supposant qu'elle n'y ajoute que les augmentations accordées par M. Beugnot.... 18 millions.

Le *minimum* des réductions d'impôt sera de.... . . . . 37 millions.

Mais la Chambre, en discutant les évaluations et la situation des recettes de 1819, reconnaîtra qu'elle peut sans imprudence ajouter aux évaluations de recettes et aux 19 millions d'économies 52 millions et même jusqu'à 67 millions.

Sur une somme libre de 87 millions ou au moins de 72 millions, la Chambre prendra 50 ou 60 millions pour réduire l'impôt foncier, supprimer les retenues, doter la Légion d'honneur et soulager les donataires du domaine extraordinaire.

Il est donc démontré que la réduction d'impôts ne peut être au-dessous de 37 millions au *minimum*, et qu'elle pourrait être portée à 87 millions au *maximum*.

Il ne me reste plus qu'à expliquer comment s'y prend M. Beugnot pour absorber et faire disparaître les 19 millions d'économies. Je reprends la série de ses *Erreurs*.

SERVICE pendant l'ANNÉE 1819, ou GESTION de 1819 (Chap. 11, p. 41e du Rapport).

Sous le prétexte de discuter l'art. 23 du projet de loi qui propose d'augmenter la *Dette flottante* de 48,900,000 et de la porter à 225 millions, M. Beugnot, après de longues précautions oratoires, renouvelle la question du Budget *par exercice* ou *par gestion*. Il remet en discussion la fixation même de la Dette flottante, préjugée à 150 millions par la chambre, lorsqu'elle a fixé les intérêts de cette dette à 7,500,000.

Je n'opposerai aucune fin de non-recevoir à M. Beugnot Il y a lieu de croire qu'il ne tient pas beaucoup à ses propositions, puisqu'au lieu de se trouver sur le champ de bataille, où le Minist.e l'appellait à son secours le jour où les intérêts de cette dette furent fixés, il se promenait fort paisiblement aux Tuileries. Cependant m'en tenant à ce que j'ai dit sur cette question (34e. et 35e. Doutes), j'admets pour abréger, tous les principes de M. Beugnot, et je me borne à contester les calculs de son tableau D, intitulé : *Tableau des ressources et des besoins des exercices antérieurs à 1819.*

D'abord on ne sait s'il a voulu faire un tableau de *gestion* ou d'*exercice*.

- Si c'était un véritable tableau d'*exercice*, d'*actif* et de *passif*, au lieu d'y renouveller tous les *pour mémoire*, et de ne porter *pour rien* 72 millions d'effets publics, il les eut portés pour leur valeur.

Le projet de loi défend de les réaliser en 1819, et on les supprime. Le tableau D est donc un bordereau de *gestion* pour *l'année* 1819. M. Beugnot raisonne et con-clut dans cette hypothèse, c'est la seule qu'il faille dis-cuter, mais alors pourquoi y porte-t-il des sommes qui ne sont pas payables en 1819?

X^e. ERREUR. Tout ce que j'ai dit (chap. IV, Situation au vrai) sur le tableau de *gestion*, joint au Budget, est également applicable à celui-ci, outre quelques erreurs qui lui sont particulières.

M. Beugnot suppose que les 179 millions restant dûs sur 1818 et antérieurs, seront payés *en entier* en 1819 : or cela est impossible.

Au 1er. janvier 1819, il restait à payer sur 1817, 1816 et 1815, 45,167,000. Il en sera de même au 1er. janvier 1820 sur ces mêmes exercices réunis à 1818. Cette somme se perpétuera d'année en année. Il n'y a donc aucun doute, comme je l'ai démontré (page 41, Situation au vrai) que les valeurs reconnues disponibles, fussent-
elles seules, s'élèvant à. . . . . , ... 137 millions.
Elles suffisent pour payer la portion
payable en 1819, sur la dette de. . . . . . 179 millions.
Le surplus ne sera payable qu'en 1820.. 42 millions.
Et ne doit pas être porté dans le tableau des dépenses ou de la *gestion* pendant l'*année* 1819.

Si donc nous retranchons 42 millions sur les 355 mil-lions prétendus exigibles en 1819, nous aurons un surplus égal, qui devra être diminué sur la dette flottante. Cette Dette, au lieu des 200 millions proposés, ne devra plus être que de 158 millions.

XIe. ERREUR. Les réductions de dépenses par la cham-bre, sur 1819, sont fort ridiculement portées à l'*actif* des années *antérieures* : car elles n'ont aucun rapport avec ces années, et elles ne forment pas un *actif*. C'est par de pareilles transpositions et *contre-sens* que l'on embrouille et obscurcit les affaires et que l'on induit en erreur. M. Beugnot semble avoir craint que la Chambre ne fît ce raisonnement si simple : « *Autant de diminué sur les* » *dépenses, autant à diminuer sur les impôts.* » Voilà ce que disaient la franchise et le bon sens ; ce n'est pas sous leur dictée que le tableau D a été rédigé, et que cet escamotage de 20 millions y a été introduit, il faut placer cette somme à 1819, et la mettre en économie de dépenses et en réduction d'impôts. M. Beugnot propose un Budget plus fort de 20 millions en recette qu'en dépense !

XIIe. ERREUR. *Omission de l'exercice de* 1819. En annonçant qu'il reproduit, en le rectifiant, le tableau (p. 42 et 43) du budget, M. Beugnot ne fait pas remarquer qu'il lui fait subir un énorme retranchement ; il n'a sans doute négligé d'en donner avis, que parce que l'omission doit sauter aux yeux des moins clairvoyans.

L'*exercice* 1819 ne figure ni en recette, ni en dépense dans le tableau D.

Le tableau *de gestion* du Ministre des finances, supposait que la totalité du Budget de 1819 serait reçue et dépensée dans l'*année* 1819, ce qui était faux.
Maintenant le tableau *de gestion* D, par M. Beugnot, suppose qu'il ne sera *rien reçu ni dépensé pendant* 1819 *sur* 1819, ou que les recettes seront *égales* aux dépenses, ce qui est également faux ; il ne fait que substituer une *omission* à une *erreur*. Il appelle cela rectifier ; cela doit s'appeler changer de route pour arriver au même but ; à la dissimulation de la somme dont les recettes *sur* 1819 *dépasseront* les dépenses *pendant* 1819.

Un tableau *de gestion*, surtout lorsqu'il est destiné à servir de base à des emprunts, doit être complet ; car si l'exercice *omis* (1819) devait fournir un *excédant* de recette égal ou supérieur à la somme que l'on propose d'emprunter, loin d'augmenter la dette flottante, il faudrait la réduire de toute la somme dont les recettes excéderaient les dépenses *pendant l'année* 1819.

Or ; telle est précisément la situation des choses. Il est démontré jusqu'à l'évidence, il a été dit et répété dans plusieurs discours et brochures, que les recettes de l'exercice courant marchent *plus vîte* que les dépenses. 1818 en fournit la preuve ; il présente plus de *cent millions* de recettes *au-delà* des paiemens. Il est notoire que les paiemens en 1819 ne vont pas *plus vîte* qu'en 1818, que les recettes ne sont pas devenues *plus lentes.*

Sur le Budget de..................... 869 millions.

Il ne peut pas être payé, en 1819, plus de............................ 740 millions.

Il restera à payer sur 1819, au premier janvier 1820, au moins.............. 129 millions.

Il ne restera à recouvrer en 1820 sur 1819, qu'une somme égale à celle à recouvrer en 1819 sur 1818, ci........... 35 millions.

Il y aura donc sur la *gestion* de l'exercice 1819, pendant l'année 1819, un excédant des recettes sur les paiemens de. 94 millions.

En ne comprenant pas l'exercice 1819 dans le tableau D, M. Beugnot a dissimulé cet excédant de recettes ; s'il l'eut avoué, il aurait fallu conclure à la réduction de la Dette flottante, et il voulait proposer de l'augmenter pour faire plaisir au Ministre. Voilà le motif très-ordinaire d'une réticence très-extraordinaire.

Rectifions le tableau D, démontrons qu'il en résulte que la Chambre peut fixer la Dette flottante à 150 millions, et réduire les contributions de 50 à 60 millions, sans ordonner la vente des Effets appartenant au trésor.

RESSOURCES EN 1819 (à substituer au tableau D.)

Fonds en caisse (d'accord)................... 92 millions
A recouvrer sur 1818 (d'accord)........... 35 millions
Avances, 40,761,000, portés pour (d'accord). 10 millions
Débits 22,388,000 déclarés.............. irrécouvrables
Effets publics, 72,247,274, réalisation....... ajournée

TOTAL (d'accord). 137,000,000

Omissions. Exercice 1819 sur 869 millions.
Recouvrable en 1819....... 834,000,000 . ci 834,000,000
Recouvrable en 1820....... 35,000,000.
Dette flottante renouvellée............. 150,000,000

Total des ressources pendant l'*année* ou
la *gestion* 1819................. 1,121,000,000

BESOINS EN 1819.

Restes à payer antérieurs .... 179 millions
Payable en 1819.......... 137,000,000 ci 137,000,000
                (omission)... 42,000,000
Exercice 1819, Budget (omiss.). 869,000 000
Payable en 1819....... .... 740,000,000 ci 740,000,000
Payable en 1820....... ... 129,000,000
Dette flottante actuelle................ 175,000,000

TOTAL des besoins............. 1,052.000,000
Le total des recettes est de.............. 1,121,000,000

Il y a donc un *excédant* de recettes de..... 69,000,000

Comment, dans une telle situation, ose-t-on proposer l'augmentation de la Dette flottante? Elle n'est pas nécessaire, même pour surseoir à la vente des Rentes.

Vainement le Ministre dirait qu'il veut faire payer aussi vîte qu'il recevra ; il y a impossibilité. Les recettes se font par douzièmes; la plus grande partie des dépenses ne peuvent être réglées, liquidées et payées qu'en *dix-huit mois, deux ans et plus.*

Jamais aucun Ministre n'a tant parlé de prompt paiement que M. l'abbé Louis; jamais Ministre n'a payé plus lentement et plus mal. Il s'est toujours senti de son début dans l'administration, Commis Liquidateur tracassier au ministère de la guerre. En revanche, depuis l'abbé Terray, aucun Ministre n'a été aussi impitoyable pour les contribuables. Voilà tout le secret de cette réplétude excessive des caisses, et de l'excès des Frais de négociations.

Le tableau D présente les *probabilités* du service de la *gestion* du Trésor, pendant l'année 1819 : il doit être soumis à la Chambre comme renseignement ; mais il est au moins inutile de l'annexer à la loi. Il serait ridicule et il pourrait être dangereux de le faire voter par la Chambre.

Quel serait l'objet de ce vote ?

Pour les Recettes, la Chambre dans les budgets *par exercice,* autorise le Ministre à percevoir les impôts, suivant la forme et dans les délais de la loi : pour les Dépenses, la Chambre autorise le Ministre à employer les sommes recouvrées jusqu'à concurrence des crédits fixés, et au fur et à mesure que les dépenses deviennent exigibles.

Que resterait-il donc à voter sur le tableau D ou de gestion de 1819 ? Quelles défenses la Chambre ferait-elle au Ministre des finances ? Quelle obligation lui imposerait-elle par l'état D ?

Lui défendra-t-elle de recevoir plus de 10 millions sur les 40 millions d'avances faites par le Trésor ?

Lui défendra-t-elle de rien recouvrer sur les 22 millions de débets portés pour *néant* au tableau D ?

Lui prescrira-t-elle de payer en 1819, les 179 millions de créances restant dues ? soit qu'elles soient exigibles ou non exigibles, liquidées ou incertaines ?

Le Tableau D ne peut donc rien prescrire, rien défendre au Ministre : il ne peut être voté. Le vote du budget par exercice a donné toutes les autorisations nécessaires.

Le tableau D n'est qu'un *aperçu* combiné pour appuyer la proposition d'augmenter la Dette flottante ; mais en le rectifiant, comme je l'ai fait, ce tableau même prouve que la Dette flottante doit être réduite à 150 millions. Cette réduction faite, l'objet du tableau D est accompli, et le vœu du Ministre doit être rempli.

J'ai prouvé que la Chambre pourrait diminuer les impôts de 50 à 60 millions ; fixer la Dette flottante à 150 millions sans être dans la nécessité d'ordonner la vente des Effets publics appartenans au Trésor ; je termine par la discussion du *mode d'emprunt admnistratif* que le Ministre avait proposé, et par l'indication des formalités et des précautions qu'il faudrait exiger *en cas de vente* des Effets publics appartenans au Trésor.

L'art. 23 proposé par le Ministre portait : « Les rentes » sont laissées *à la disposition* du Ministre des finances, » pour servir de *gage* à ses emprunts.... . Les porteurs » pourront être mis en possession de ce *gage* et autorisés à » l'aliéner, si les engagemens contractés avec eux ne sont » pas remplis ! ! ! »

M. Louis a toujours eu un faible pour que la loi *laissât à sa disposition* le plus de fonds et de valeurs possibles: témoin la loi du 23 septembre 1814 , qui mettait tant de millions à *sa disposition* , pour opérer , acheter , racheter , agioter sur la place. Hâtons-nous de lui rendre la justice, qu'il a toujours payé fort sobrement; il a un faible pour la thésaurisation ; témoins ces 70,945,267 fr. 55 c. amassés soigneusement et laissés au trésor le 20 mars 1815, quoiqu'il fut si facile , et qu'il eut été si salutaire et si glorieux de les sauver des mains de l'usurpateur, sans rien enlever à la France , en distribuant cette somme aux créanciers de l'état, en remboursant au pair les obligations royales , les billets de la caisse de service et tous les effets du trésor royal qui perdirent 25 à 30 pour cent.

Regrets amers , superflus , irréparables , qui fîtes mon tourment ! puissiez-vous n'être jamais renouvellés sous quelqu'autre forme !

Si la *vente des effets publics* appartenans au trésor, était ordonnée ou autorisée par la loi , le Ministre pourrait attendre les occasions et les circonstances et saisir l'à-propos d'un cours élevé ; mais les donner *en gage* avec faculté de réaliser , en cas de suspension des engagemens du trésor , c'est précisément vouloir la *vente* au cours le plus bas , et dans les circonstances les plus fâcheuses. Il peut arriver un embarras momentané , malgré tout le savoir faire et contre les intentions du Ministre ; alors les rentes seraient vendues au cours de 50 à 55 francs, tandis que depuis six mois elles auraient pu être réalisées à un cours de 10 ou 15 francs plus cher.

Si on dit : le trésor ne manquera pas à ses engagemens, je répondrai : pourquoi donc prévoir sa faillite dans la loi ? il est inutile de donner *des gages*, puisque de tout tems le trésor a emprunté *sans gage* ; puisqu'il doit 175 millions *sans gage* ; puisqu'il a dû 561 millions de dette flottante *sans gage* ; puisqu'aucun de ses créanciers ne songe à lui demander *des gages*. Êtes-vous donc plus malhabile ? Inspirez-vous moins de confiance aux prêteurs que vos prédécesseurs ? ou quelle est votre arrière-pensée ?

Si on autorise *la vente* simplement, on a la chance de l'habileté du Ministre, que chacun peut estimer à son gré, et dont le ministre parait faire peu de cas. La *mise en gage* ne laisse plus que la chance des maladresses du Ministre, ce qui peut allarmer beaucoup de Députés. Les Députés prudens, expérimentés, sagement défians, préféreront donc l'autorisation de *vendre* les effets publics, à l'autorisation de les mettre *en gage*, qui ne peut avoir d'autre résultat que de conduire à la vente *au plus bas cours*, et dans les circonstances les plus facheuses.

Cette mise *en gage* des valeurs appartenant à l'Etat n'est pas une combinaison nouvelle ; elle est renouvellée des opérations financières du Directoire. *Nil sub sole novum.*

J'en atteste M. le Duc de Gaéte et tous les vétérans de la finance.

Le Directoire avait un gout tout particulier pour mettre *en gage* des Assignats, des Mandats, des Délégations, des Rescriptions, etc. On n'a pas oublié combien ces opérations furent défavorables au crédit, comme elles soutinrent mal le cours des effets publics. Tous ces gages périrent ou furent vendus aux cours les plus bas, moins cher que s'ils eussent été tout simplement négociés au commencement de ces opérations.

Le Directoire avait mis en gage jusqu'aux Diamans de la Couronne. M. Louis les a oubliés cette année ; il les réserve pour les voies et moyens de l'année prochaine.

Plusieurs Diamans furent perdus ; quelques semaines de plus tous étaient vendus sans retour. Un des premiers soins de M. Gaudin , Ministre des finances, et de M. Dufresne, Directeur du Trésor en l'an 8 , fut de retirer tous ces Gages et de faire cesser ces opérations honteuses et désastreuses. Ils y renoncèrent , dès leur début, au plus fort de la détresse du Trésor. M. Louis vient proposer de les renouveller en 1819 , au milieu de notre surabondance ! L'habile homme, qui nous fait rétrograder de dix-neuf années en finance et en révolution !

Si *la vente* des Effets publics appartenant au Trésor, devenait nécessaire, comment faudrait-il la régler ?

Comme s'il s'agissait d'un nouvel emprunt. Il faudrait ouvrir des enchères et une concurrence réelles , telles qu'elles ont lieu en Angleterre , telles qu'il n'en a pas encore existé en France.

Il faudrait surtout éviter de laisser l'époque et la forme de cette vente à la disposition du Ministre , il faudrait éviter d'y appliquer le mode suivi en 1814 pour le *rachat des obligations* du trésor royal, sur lequel l'art. 23 de la loi proposée est calqué.

Il n'y a pas toujours danger, pour la fortune publique, à laisser à un Ministre latitude entière dans l'émission des effets publics , ou dans la disposition des fonds destinés au rachat de ces effets ; mais il y a toujours danger pour la réputation du Ministre. Trop de gens à sa place abuseraient de la latitude qu'il réclame , pour qu'ils ne lui supposent pas l'intention d'abuser ; pour qu'ils ne croient pas fermement, lorsqu'il a obtenu cette latitude, qu'il en a abusé pour s'enrichir.

Que n'a-t-on pas dit et imprimé sur les abus qui auraient eu lieu en 1814, dans le rachat des obligations royales, et plus récemment dans la négociation des emprunts? Qui n'a pas entendu beaucoup de gens s'étonner que le Ministre en 1814, eut attendu le 6 décembre, pour commencer le *rachat* des Obligations royales, émises depuis plusieurs semaines ; qu'il eut attendu qu'elles perdissent VINGT pour cent pour commencer à les racheter.

Si le Ministre, disait-on, eut voulu effectivement empêcher *l'avilissement* des Obligations royales, il aurait dû publier l'avis du *Rachat*, en fixer l'époque et la quotité, avant de commencer l'*Emission*, ou en même temps au plus tard.

Émettre les Obligations, en laissant ignorer si le Trésor les racheterait, quand il les racheterait, et dans quelle proportion journalière, c'était négliger les précautions de la loi, en violer les dispositions, et préparer le discrédit des Obligations.

C'était même s'exposer au soupçon de vouloir ce discrédit, afin de favoriser, ou de faire des spéculations particulières, d'abord sur la *baisse*, ensuite sur la *hausse*.

Une seule explication, une seule excuse restait ; de toutes la plus mauvaise, la moins probable ; l'*imprévoyance !*

En effet, M. Louis, pour expliquer cette conduite inexplicable, a dit, et il ne peut alléguer une autre excuse: *Pouvais-je prévoir que les obligations perdraient sur la place jusqu'à vingt pour cent ?* Mais ne peut-on pas répondre: « Si vous n'aviez pas prévu la pos-

» sibilité de ce discrédit, auriez-vous fait mettre tant de
» fonds *à votre disposition* ?

» Ce discrédit était-il étonnant lorsque vous restiez
» spectateur indifférent et oisif ?

» Lorsque vous reteniez stagnans, les fonds affectés par
» la loi au *rachat* des Obligations, lesquels dès le jour
» de l'émission, et pendant tout son cours, s'élevèrent
» à une somme supérieure au montant des obligations
» émises ? Les preuves en sont imprimées.

» Vous n'aviez pas prevu le discrédit des Obligations,
» dites-vous !

» Je veux bien croire que vous fûtes seul dans cette
» impardonnable imprévoyance ; mais comment vos yeux
» ne s'ouvrirent-ils pas ? Comment ne courûtes-vous
» pas au secours de ces chères Obligations et du Crédit
» que vous prôniez si haut, quand la perte était de
» *cinq* pour cent ? quand elle fut de *dix* ? de *douze* ?
» quand elle fut montée jusqu'à QUINZE pour cent ?

» Pourquoi attendites-vous VINGT pour cent de dis-
» crédit ? »

Je ne me charge pas d'expliquer ces énigmes autrement
que par un aveuglement unique, complet, extraordinaire, et même une surdité parfaite ; car les Créanciers
de l'État si cruellement déçus, jetaient les hauts cris, et
invoquaient le secours du Trésor : les Agens de change,
les Banquiers, les Chefs des finances, Paris entier étaient
stupéfaits, et s'étonnaient de l'inexécution de la loi du 23
septembre 1814.

Les amis même de ce Ministre sourd et aveugle, le
sollicitaient de sortir de son impassible repos.

Son réveil fut signalé, comme celui d'un mauvais gé-
nie, par un coup de tonnerre et par un orage.

Le Moniteur du 6 décembre apprit à la Bourse surprise, que 200,000 fr. lui seraient chaque jour envoyés pour racheter enfin les Obligations.

Les Créanciers respirèrent et espérèrent : mais la déroute fut grande parmi les spéculateurs qui n'étaient pas dans le secret : la joie et les profits furent extrêmes pour ceux qui l'avaient deviné.

On est allé jusqu'à prétendre que ceux qui ont été instruits que le Ministre commencerait à racheter le 6 décembre, ont pu faire des achats la veille et l'avant-veille, à quatre-vingt pour cent, et revendre *au pair*, un mois après, avec un énorme profit. On a soutenu que des terres et des châteaux étaient provenus de ces bénéfices; on a été jusqu'à les nommer et les désigner.

Ces soupçonneux incorrigibles n'étaient pas rassurés lors même qu'on leur affirmait, que le Ministre avait gardé pour lui seul le secret de l'époque et du montant des rachats; ils prétendaient qu'*il ne doit y avoir aucun secret* en matière d'achat comme d'émission d'effets publics, parce que, lorsqu'il y a un secret en finance, quelqu'un en peut faire son profit.

Sur quelques points je suis fort de leur avis. Sans partager leurs injustes soupçons, j'ai toujours été très-étonné que le Ministre eut attendu que les Obligations royales perdissent VINGT pour cent pour commencer à les racheter.

Je fus bien plus surpris, et profondément affligé, quand le 11 mars 1815, jour où les obligations étaient retombées à 90 pour cent, les rachats furent *suspendus* sans avis préalable, sans motif connu, sans autre résultat que de laisser, au 20 mars, deux millions de plus dans les caisses du trésor.

L'oisiveté , l'insensibilité prolongées du Ministre avaient été critiquées , blâmées, sa brusque opération, son action subite et violente trouvèrent aussi des censeurs.

« Les fonds, dirent-ils, destinés au *rachat* des Obli-
» gations avaient été mis *à la disposition* du Ministre
» pour les *soutenir au pair*, et non pour les *laisser
» baisser*, en *relever* le cours et le laisser *tomber* encore.

» La loi n'a pas été exécutée ; elle a été violée ;
» car elle avait accordé des fonds avec une prodigue
» et prodigieuse libéralité, pour *prévenir* le discrédit,
» pour *soutenir* et non pour *relever* le cours ; pour
» empêcher l'agiotage et non pour le favoriser, l'ali-
» menter ou le faire. »

C'était ainsi que j'avais conçu l'opération ; c'était dans ce sens que j'en avais défendu et expliqué la proposition dans l'*opinion d'un créancier de l'État*. Quels furent ma surprise , mes regrets, ma douleur, quand je la vis exécuter tout au rebours !

J'écarte tous les soupçons , je n'accuse personne ; mais j'indique les inconvéniens et les dangers des rachats , des émissions et des fonds immenses , laissés *à la disposition* d'un seul homme, sujet à oubli , erreur, aveuglement, surdité , imprévoyance.....

Je m'excuse, j'achève d'expliquer pourquoi je redoutai les obligations et m'y opposai avant qu'elles fussent pro-posées, comment je devins leur défenseur dans la discus-sion publique , et par quelle cause je redevins leur adver-saire après un funeste essai.

Pourquoi, colloborateur de M. Louis dans son premier ministère, après un facheux essai, je me suis rangé parmi

les adversaires de ses plans, de ses budgets, de son administration (1).

Il a voulu ces explications : ses maladroits défenseurs
les ont provoquées. Il ne peut me taxer d'indiscrétion.
Je n'ai parlé que des faits imprimés dans les Comptes de
1814, 1815, état L, page 45, et état O, page 35,
publiés sous le ministère de M. Corvetto.

N'a-t-on pas fait remarquer aussi que malgré le vœu
public, M. Louis n'a pas voulu rétablir, en 1814, la
Caisse d'Amortissement, à laquelle il aurait fallu confier
les *rachats* et les sommes prodigieuses qui y étaient des-
tinées, lesquelles M. Louis a préféré faire mettre *à son
entière disposition* sans contrôle ni surveillance ?

La Caisse d'Amortissement a été rétablie par M. Corvetto.

M. Louis se regardait comme individu et comme Ministre au-dessus de tout soupçon. Il pouvait y opposer les
succès et les brillantes affaires de sa *maison de banque* à
Hambourg, la délicatesse avec laquelle il avait terminé avec
ses créanciers, la satisfaction et les éloges de ses bailleurs
de fonds ; il pouvait alléguer ses services au Trésor, car
leur nullité n'était pas généralement connue. Malgré des
titres aussi irréfragables, la faute d'avoir demandé trop
de latitude, trop de fonds *à sa disposition*, lui a nui dans
l'opinion de beaucoup de gens.

C'est donc moins par défiance que pour les défendre
de la malignité, et par égard pour leur réputation, qu'il
ne faut accorder aux Ministres des finances que le strict
nécessaire d'autorité et de fonds *à leur disposition.*

___

(1) Les pages précédentes font partie de l'ouvrage dont je m'occupe,
intitulé : *Fautes financières et politiques commises dans l'administration des finances, du 1er. avril 1814 au 1er. juillet 1819.*

Relativement aux Rentes, ou il faut maintenir la défense de les vendre, ou il faut que la loi prescrive la forme même et le taux de la Vente, en ouvrant une véritable concurrence, pour éviter quelque opération violente ou maladroite, ces hausses, ces baisses subites et passagères, ces saccades désastreuses qui furent dans les manières des Ministres des Finances en 1814 et 1818 ; je ne dis pas qu'elles furent dans leurs calculs. Cette Vente pourrait être réglée par un article de loi qui serait ainsi conçu :

« Les Effets publics appartenans au Trésor seront né-
» gociés ou vendus, en totalité ou en partie, à la première
» Compagnie française, notoirement solvable, qui se pré-
» sentera, et qui garantira le versement au Trésor, par
» douzièmes et par mois, du prix des rentes, au cours de
» 75 francs, et des reconnaissances de liquidation au
» cours de 85 francs. Les Actions de la Banque de France
» et celles des Salines seront mises aux enchères à la
» Bourse ; il sera accordé six mois pour le paiement. »

Si j'avais l'honneur d'être Député, je proposerais cet amendement, et il me serait facile de prouver qu'il remplit toutes les conditions d'une véritable concurrence ; qu'il prévient tout danger de maladresse, de mauvaises intentions et d'abus ; qu'il met le Ministre à l'abri de tout reproche et de tout soupçon ; et que, loin de nuire au Crédit, il ne peut que lui être favorable (1).

La Bourse obtiendrait l'assurance qu'aucune rente appartenant au Trésor, ne serait vendue secrètement, ni avant qu'elles eussent atteint le taux de 75 fr. Le cours ne tarderait pas à en approcher : dès qu'il y aurait probabilité de hausse, une Compagnie se formerait et se présente-

---

(1) Dès 1816, en proposant de faire des emprunts, j'avais proposé d'en fixer le taux à 75. *Examen impartial du Budget.*

,rait ; elle serait liée par son propre intérêt , à seconder cette hausse , et à la porter à 78 et 80 francs. C'est un résultat constant , également justifié par le raisonnement et par l'expérience, que la conclusion d'un Emprunt ne peut que faire hausser le cours des effets publics. L'Angleterre vient de faire un emprunt de 12 millions sterl. (300 millions de francs), et le cours de ses effets publics s'est aussitôt relevé ; quoiqu'elle ait en même tems diminué son fond d'amortissement de 300 millions de francs.

CONCLUSIONS.

La Chambre a jusqu'ici obtenu des résultats importans et salutaires aux Contribuables, elle a :

Sur loi des *Comptes*,

1o Fait disparaître le *Déficit* de....... 56 millions.

2o Diminué les supplémens de crédits sur 1818 et années antérieures de .... 10 millions.

Sur la loi des *Dépenses*,

3o. Retranché, économisé............. 20 millons.

4o. Fixé la Dette flottante à.... .... 150 millions.

Sur la loi des *Recettes* elle trouvera :

5o. A ajouter aux Evaluations du Budget 60 à................................ 70 millions.

6o. A réduire sur les Impôts , 50 à.......60 millons.

7o. A supprimer les retenues.

8o. A doter la Légion d'honneur et à secourir les Donataires.

9o. A affermir le Crédit, en réglant une véritable *concurrence* pour la négociation des effets publics.

10o. La Chambre a prescrit un grand nombre de dispositions d'ordre, d'économie, de comptabilité, de bonne administration, qui auront les plus utiles effets si elles sont exécutées.

Ces beaux et utiles résultats ont-ils été bien chèrement achetés?

Tant tués que blessés, on ne connaît qu'un Maître des requêtes rayé, et un Ministre des finances journellement déjoué, démenti, bafloué et battu, reparaissant chaque lendemain plus furieux de ses défaites et plus étonnant par son éloquence.

Véritable *Phénix*, renaissant chaque jour de ses cendres pour l'amusement des auditeurs et l'effroi des contribuables.

P. S. Quand ces Messieurs, semi-officiels du *Courrier*, singes du *Courrier anglais*, font à quelqu'un l'honneur de le critiquer, ils devraient avoir l'attention de lui envoyer leur feuille inconnue. Un de mes amis m'a dit que quelqu'un lui avait dit qu'il avait entendu dire que le *Courrier* avait critiqué les *Errata*. J'ai vainement parcouru douze Cabinets littéraires, ou Cafés: dans aucun je n'ai trouvé cette redoutable réfutation. Les amis du ministère, auxquels je me suis adressé, n'ont pû m'affirmer qu'elle existât; ils avaient bien reçu le *Courrier*, mais ils ne l'avaient pas lu, et nous n'avons pû retrouver la feuille ni dans l'antichambre, ni dans la cuisine; nous avons borné là nos recherches. Malgré ma bonne volonté, je ne puis donc répondre à des réfutations *incognito*. J'attendrai, pièces et preuves en mains, le procès en calomnie dont on dit que je suis menacé. Je n'ai rien dit que de vrai; j'ai indiqué des preuves imprimées; en faut-il d'autres?

M. V. Masson a fait retentir ses plaintes dans l'antique et

vaste *Moniteur ;* il veut donner à sa palinodie une publicité officielle. Il n'est pas l'auteur de M. *Cigogne* ; il a raison de le dire : *tous mauvais cas sont niables.* Je croirai même, si cela peut lui faire plaisir, que l'auteur est M. Belmondi, chef au Cadastre, ou tout autre. Vous verrez que M. Lefèvre, secrétaire-général du Ministère des finances, va prendre courage, et désavouer *les nouveaux Moyens de parvenir.* Il aurait tort ; ce désaveu serait en pure perte : la paternité est évidente : *pater est quem..... demonstrant* (les assiettes).

Mais quelle frayeur a saisi M. Masson? Il renie jusqu'à sa brochure de 1816, sur le *Crédit* : il ne veut pas partager mon *effrayante célébrité ;* il repousse mes *redoutables éloges.* J'estime trop ses talens pour rétracter le bien que j'ai dit de sa brochure ; je n'ai eu d'autre intention que de m'appuyer du témoignage et de l'autorité d'un homme instruit et capable. J'avoue cependant que j'éprouve le plus vif regret d'être la cause innocente du tardif, suspect et inutile désaveu qu'il vient de publier : qu'il ne m'en accuse pas ; je ne pouvais le prévoir ; je le plains bien sincèrement ; et s'il en attend quelque avantage ou quelque honneur, je crains bien qu'il ne soit étrangement trompé.

Je viens enfin de trouver et de lire le n°. 3 du *Courrier.* Je regrette d'avoir traité de critiques et de réfutations de froides déclamations, de pacifiques menaces et de pâles excuses du rapporteur, tracées, dit-on, par lui-même, et qui ne renferment ni un raisonnement, ni un calcul, ni un fait. Il se plaint au lieu de réfuter ; il gémit au lieu de combattre.

FIN.

TABLE.